DIFERENTES FORMAS DE DINERO

A MATH LESSON

www.math2kids.com

Un cuento que nos relata cómo las unidades aprendieron el valor del dinero através de un juego.
Incluye también una lección de Matemáticas sobre las diferentes formas de dinero que existen.

RODOLFO VILLICAÑA

Hoy a la hora de ir a los centros de aprendizaje, las unidades quieren jugar a la tiendita.

El número Ocho y el número Nueve no pueden jugar
porque no han terminado su trabajo.

El Número Uno y el Número Cinco serán los vendedores en este juego.

El Número Uno venderá solo cosas que valen un Math dólar, como: una hamburguesa, un helado, una soda, papas fritas……….

Mientras que el Número Cinco venderá solo cosas que valen cinco Math dólares, como: una pelota, un trenecito de juguete, un cuento para colorear y una caja con lápices de colores.

El resto de los números serán los compradores en este juego. Y a cada uno de ellos la maestra les dio una cantidad de dinero igual al valor que cada número representa. Dinero que utilizarán para comprar en la tiendita del Número Uno y del Número Cinco.   La Número Dos recibió 2 Math dólares y el Número Tres recibió 3 Math dólares.

La Número Cuatro recibió 4 Math dólares.

La Número Seis fue más afortunada, pues recibió 6 Math dólares

3 + 3 = 6 Math dólares

Mientras que el más afortunado de todos fue el Número Siete, quien recibió 7 Math dólares:

4 + 3 = 7   Math dólares

Los primeros números que salieron a comprar fueron la Número Dos y el Número Tres. La Número Dos y el Número Tres decidieron juntar su dinero, ... para juntos poder comprar un juguete.

Y con los **5** Math dólares que juntaron, compraron la pelota de soccer.

La Número Cuatro y la Número Seis también decidieron
juntar su dinero.

Y con los 10 Math dólares que juntaron, decidieron comprar el libro de colorear de cinco Math dólares.

$$10 - 5 = 5$$

Y con los cinco Math dólares que les sobraron compraron los lápices de colores.

$$5 + 5 = 10$$

El Número Uno estaba muy triste porque no había vendido aún nada.

El último número al que le tocó su turno para salir a comprar fue el Número Siete. El número Siete decidió comprar el tren de 5 Math dólares. Por lo que ahora solo le sobran 2 Math dólares.

$$\begin{array}{r} 7 \\ -5 \\ \hline 2 \end{array}$$

Y con los 2 Math dólares que le sobraron, compró 2 sodas de un Math dólar cada una.

¿ Y para qué quería 2 sodas ?.

¡ Para compartirlas con sus amigos !.

Fin

LECCION DE MATEMATICAS

SOBRE LAS DIFERENTES
FORMAS DE DINERO

"Hace mucho tiempo cuando aún no existía el dinero, la gente vivía en pequeños grupos de familias.. Cada familia era autosuficiente, es decir, que cada familia producía su propia comida y todas las cosas que esa familia necesitaba.

Cuando alguna familia necesitaba algo que ella no producía, intercambiaba sus productos por los productos que otras familias producían. A este intercambio de cosas se le llamó trueque.
PiGS

Pero cuando la comunidad creció y creció...... el intercambio de cosas se hizo cada vez más difícil.
No era fácil encontrar a alguien que quisiera intercambiar las cosas que uno tenía, por las cosas que uno necesitaba. Así cuando Mily quería intercambiar un puerquito por una silla, el dueño de la silla quería intercambiar su silla por unos zapatos.

Para resolver este problema se comenzaron a utilizar materias de uso común que sirvieran como moneda de intercambio. Así se utilizó la sal como moneda y a los trabajadores se les empezó a pagar con sal, y a este pago se le llamó salario. Pronto se dieron cuenta que no se podía ahorrar sal para seguir comprando ya que la sal se utilizaba para la preparación de los alimentos.

Después se comenzó a utilizar como dinero pequeños círculos de metal con el sello y la imagen del rey. A estos pedazos de metal se les conoce con el nombre de monedas.

Con la aparición de la imprenta pronto apareció otro tipo de dinero, los billetes.

Los billetes pronto se hicieron muy populares ya que son muy fáciles de cargar, pues están hechos de papel. Y además un billete puede valer lo que valen muchas monedas juntas.

En la actualidad, además de los billetes y las monedas existen otros tipos de dinero como los cheques bancarios. Que se originan cuando una persona deposita dinero en un banco y el banco le proporciona cheques para que pueda disponer del dinero que ha depositado en el banco.

Otra instrumento con el que se pueden realizar pagos son las tarjetas de crédito, que es dinero que el banco le presta a una persona . Dinero que después la persona tiene que regresar al banco con un cargo adicional de intereses.

Otro instrumento que se utiliza mucho en la actualidad son las transferencias bancarias, la cuales se pueden realizar através de una computadora o de un teléfono celular. Y consiste en hacer pagos con dinero que tienes depositado en un banco , y cuando realizas una transferencia autorizas a tu banco para que transfiera parte de tu dinero a la cuenta bancaria de otra persona.

Otro tipo de dinero que se esta comenzando a utilizar son las criptomonedas, que es dinero que se produce electrónicamente y el cual tu compras como una manera de inversión, dado que este tipo de dinero puede subir o bajar de valor, dependiendo de su demanda.

EL DINERO

DE VARIOS PAISES

CON VALOR DE 1 Y 5

EN ESTADOS UNIDOS DE AMERICA

Billetes de uno y cinco Dólares

EN LA UNION EUROPEA
Dinero de uno y cinco Euros

EN EL REINO UNIDO

Dinero de una y cinco Libras Esterlinas

EN JAPON

Dinero de 1 y 5 Yens

MEXICO

Monedas de uno y cinco Pesos

CANADA

Dinero de 1 y 5 Dólares Canadienses

ACTIVIDADES

PARA DESPUES DE LEER EL CUENTO

Actividad 1 .-

Pídales a sus alumnos que diseñen para su país monedas y/o billetes con valor de 1 y 5. Monedas o billetes que representen algo típico de su país, y deben de ser diferentes a las monedas y billetes actuales.

Actividad 2.

Que al terminar , muestren sus diseños al resto del grupo y expliquen en qué se basaron para hacer su diseño.

Otros cuentos de Matemáticas de la colección de Math 2 kids

www.math2kids.com

1.- Uno
2.- Luna llena
3.- Los 3 amigos
4.- Los 3 amigos brincan en la cama
5.- Los colores de la granja
6.- Los 3 amigos y el feroz borrador
7.- Los 3 amigos van a pescar
8.- La tropa
9.- Los 5 exploradores
10.- Vamos al parque de diversiones
11.- El primer día de escuela
12.- ¿ Y dónde está el hamster ?
13.- Los números van en orden
14.- El orden es importante
15.- ¿ Cómo se escribe mi nombre ?
16.- El día de tomarse la foto.
17.- Gráfica de barras
18.- El cumpleaños del número Uno
19.- Patrones de colores
20.- Nuestro amigo el Cero
21.- El mundo de las figuras
22.- El círculo es importante
23.- Invitemos a jugar a las figuras
24.- Un desfile de figuras
25.- Un mundo de colores
26.- Dibujando con figuras
27.- La Cerocienta
28.- El uno que es una decena
29.- Un viaje al país de las decenas
30.- El día 100 de la escuela
31.- Clasificando alimentos
32.- 1, 5, 10 y 25 centavos
33.- Los números juegan al reloj
34.- Más y Menos
35.- El signo Igual
36.- Apreniendo a sumar
37.- Sumando es mejor
38.- Mayor y menor que
39.- Nones contra pares
40.- Medidas
41.- Jugando a medir
42.- La fiesta de disfraces
43.- Los números van de paseo
44.- Para cambiar el autobús
45.- Jugando con el domino
46.- Jugando a la tiendita
47.- Dieznieves y los 7 enanos
48.- Cuando eran más altos
49.- Los 3 deseos de Pedro
50.- Un cuento de números
51.- El valor según su posición
52.- El poder del número 10
53.- Tabla mágica
54.- Los números romanos
55.- Dosperucita Roja
56.- Una carrera para contar
57.- La historia del calendario
58.- Las estaciones del año
59.- Como usar el calendario
60.- La historia del reloj
61.- El Cinco aprende a multiplicar
62.- Aprendiendo a usar el reloj
63.- ¿ Cómo se inventó el dinero ?
64.- Un centavo muy trabajador
65.- Un regalo inesperado
66.- Aprende a dividir de una manera
   divertida en una semana
67.- Multiplicando con manipulativos
68.- Cuento para multiplicar
69.- ¿ Y qué es el perímetro ?
70.- Fué un cuento medir ese terreno
71.- Cómo calcular cualquier área
72.- Un pastel para Milly
73.- El diagrama de Venn
74.- Las coordenadas de un cuento
75.- Las fracciones de un cuento
76.- Mitades, cuartos y octavos
77.- Sumando fracciones
78.- Un viaje inesperado
79.- El día que ganamos la lotería
80.- Es un juego de probabilidades
81.- Cómo multiplicar sí no te sabes las
   tablas de multiplicar.
82.- ¿ Y que operción tengo que usar ?

OTROS TITULOS EN AMAZON

MATH 2 kids

Cuento bilingüe que nos relata cómo las unidades por medio de un juego aprendieron a utilizar el Diagrama de Venn. Es una buena herramienta para aprender vocabulario tanto en Inglés como en Español.

Bilingual story that tells us how the units through a game learned to use the Venn Diagram. It is a very good tool to learn vocabulary in both English and Spanish.

DIAGRAMA DE VENN

A BILINGUAL BOOK